## 일러두기

1  문장을 직접 인용한 경우 출처 및 원문을 표기했으며,
   라틴어, 그리스어 등 대중에게 익숙하지 않은 언어의
   원문은 영어로 표기했습니다. 모든 원문 번역은 한국어
   표현에 어울리도록 의역을 거쳤습니다.

2  문학 작품을 요약한 경우 출처를 표기했으며, 출처가
   없는 경우는 창작된 이야기임을 밝힙니다.

3  단어 뜻풀이는 국립국어원 표준국어대사전 및 고려대
   한국어대사전을 참고해 새로 정리했으며, 한국어 성경은
   대한성서공회 개역개정판, 영어 성경은 킹 제임스 성경
   King James Version, KJV을 따랐습니다.

4  외래어는 국립국어원 외래어표기법을 따랐으나, 실제
   쓰임과 다른 일부 단어의 경우 대중에게 익숙한 표기를
   사용했습니다.

5  본문에 실린 도서, 미술, 영상 작품 대부분은 자유 이용
   으로 분류된 저작물이며, 이외 저작물은 이용 범위 내에
   서 사용했습니다. 출처나 카피라이트 표기를 통해 저작
   자의 인격권을 보장하고자 했습니다.

ME
MEN
TO

WHEN YOU ARE OLD AND GREY
AND FULL OF SLEEP, AND NODDING BY THE FIRE,
TAKE DOWN THIS BOOK,
AND SLOWLY READ,
AND DREAM OF THE SOFT LOOK
YOUR EYES HAD ONCE, AND OF THEIR SHADOWS DEEP;

WILLIAM BUTLER YEATS,
"WHEN YOU ARE OLD", 1892.

그대가 늙어 머리카락이 희끗희끗해지고
졸음에 겨워 난롯가에 앉아 졸게 되거든,
이 책을 꺼내 천천히 읽어보라.
그리고 떠올려보라.
한때 그대 눈에 깃들었던 부드러운 빛과 그 깊은 그림자를.

예이츠

## 메멘토 북, 이렇게 사용해 보세요.

## 1

---

### 매일 쓰지 않아도 됩니다.

원하는 날에만 자유롭게 적어보세요.
일주일에 한 번, 한 달에 한 번이어도 괜찮습니다.
페이지 상단 '날짜 칸'은 생각을 되짚어 볼 수 있도록 남겨둔 작은 표식입니다.
이 책을 다시 펼치면, 그날의 나와 다시 마주하게 됩니다.
중요한 것은 빈도가 아니라 밀도입니다.

## 2

---

### 마음이 가는 질문부터 시작하세요.

차례대로 쓰지 않아도 됩니다.
답을 미뤄도 괜찮습니다.
고민되는 질문은 나중에 다시 돌아와도 됩니다.
가장 끌리는 질문부터 시작해 보세요.
바로 그 질문이, 지금 내 삶에서 가장 중요한 질문일지도 모릅니다.

## 3

---

### 낯선 질문에 당황하지 마세요.

책 속에는 나를 돌아보게 하는 질문이 곳곳에 배치되어 있습니다.
명화에 얽힌 이야기, 문학과 철학 속 짧은 구절 등 다양한 읽을거리에 관한 것들입니다.
질문에 곧장 답하기 어렵고, 머뭇거릴 수 있습니다.
하지만 그 '멈춤 pause'은 사유의 시작점이 되어줄 것입니다.

## 4

---

### 빈칸을 겁내지 마세요.

모든 질문에 답하지 않아도 괜찮습니다.
답을 적는 것보다 더 중요한 것은, 질문을 마주하는 시간입니다.
어떤 질문은 오래 바라보는 것만으로도 충분합니다.
생각에도 여백이 필요합니다.
빈칸은 '미완'이 아니라 '머무름'이라는 또 다른 형태의 생각입니다.

## 5

---

### 오직 정답은 내 안에 있습니다.

이 책에 담긴 질문에는 맞고 틀림이 없습니다.
내가 적어 내려간 문장 하나하나가 곧 나만의 정답이 됩니다.
오래된 친구도, 사랑하는 연인도, AI도 내 마음의 문장을 대신 써줄 수는 없습니다.
중요한 것은, 누가 대신 내려주는 정답이 아니라 내 안에서 떠오른 생각을 스스로 적어보는 일입니다.

## 6

### 완벽하지 않아도 됩니다.

문장은 짧아도 좋고, 길어도 좋습니다.
맞춤법이나 문체, 완성도를 신경 쓰지 마세요.
머릿속에 떠오르는 생각이나 감정을 있는 그대로 적으세요.
'잘'하려는 마음도 중요하지만, 시작하는 것만으로도 충분합니다.

## 7

### 다시 써도 좋습니다.

글을 고치고 싶다면 언제든 다시 써도 좋습니다.
과거와 다른 나를 만나고 싶다면, 같은 질문에 다시 답해보기를 권합니다.
생각은 충분히 달라질 수 있습니다.
연필로 썼다 지우며 남은 자국, 화이트로 덮인 펜글씨,
포스트잇으로 뒤덮인 페이지 모두가 내 생각의 나이테가 됩니다.

## 8

### 아직 쓰지 않은 이야기를 스스로 만들어보세요.

책 속의 빈 페이지는 나만의 이야기로 채워질 준비가 되어 있습니다.
소중했던 하루의 장면, 스쳐 지나간 생각, 글로 표현하고 싶은 감정을 자유롭게 적어보세요.
그리고 문득 떠오른 새로운 질문이 있다면 빈 페이지에 적고, 스스로 답해보시기 바랍니다.
이 책은 빈 페이지 위에 남겨진 고유의 흔적들을 통해 비로소 완성됩니다.

## 9

### 쌓아둔 기록은 나만의 아카이브가 됩니다.

그날의 생각, 감정, 하루의 조각들이 작은 문장들로 겹겹이 쌓여
'나'라는 사람의 결을 보여주는 중요한 단서가 됩니다.
때로는 부끄럽거나, 누구도 이해 못 할 거라는 기분이 들 수 있습니다.
하지만 이 책 안에서만큼은 쉽게 나를 평가하지 마세요.
글은 오늘의 나를 남기고, 내일의 나를 위한 힌트가 됩니다.

## 10

### 소중한 사람과 함께 작성해 보세요.

마음을 나누고 싶은 사람에게 이 책을 선물해 보세요.
사랑하는 사람, 오래된 친구, 혹은 마음을 나누고 싶은 누군가와 서로의 생각과 감정을 적어보세요.
가끔은 함께 써보는 경험이 더 특별한 시간이 됩니다.
그 순간의 기록은 오랜 시간이 지나도 두 사람만의 소중한 이야기로 기억될 것입니다.

FROM
MYSELF
TO
MEMENTO

# MEMENTO MEI
## REMEMBER ME

이 책의 첫 번째 독자는 바로 '나'입니다.
잠시 세상의 시선을 거두고, 오롯이 나에게 집중해 보세요.
스스로에게 묻고 또 답하는 그 과정 속에서
지금껏 알아차리지 못했던 '생각의 흐름'이 서서히 드러나기 시작합니다.

이 책은 '질문'이라는 방식으로 나를 기억합니다.
책 속 질문들은 때로는 낯설게 느껴질 수도 있고,
쉽게 답이 떠오르지 않을 수도 있습니다.
하지만 그 머뭇거림이야말로
평소 마주하지 못했던 '진짜 나'와 만나는 소중한 사유의 출발점이 될 것입니다.

그렇게 쌓인 기록들은
나만의 흔적이자, 내가 걸어온 인생의 궤적이 됩니다.

세상에는 두 가지 비극이 있다.
원하는 것을 얻지 못하는 것과
원하는 것을 얻는 것.
그중 진정한 비극은, 원하던 것을
얻은 뒤에 찾아오는 허무함이다.

오스카 와일드, 『윈더미어 부인의 부채』

IN THIS WORLD THERE ARE ONLY TWO
TRAGEDIES. ONE IS NOT GETTING WHAT
ONE WANTS, AND THE OTHER IS GETTING
IT. THE LAST IS MUCH THE WORST;
THE LAST IS A REAL TRAGEDY!

OSCAR WILDE, *LADY WINDERMERE'S FAN*, 1892.

---

지금 원하는 것이 있나요?
그것이 내게 무엇을 가져다줄까요?

간절히 원하던 것을 얻은 뒤, 깊이 실망한 적은
없나요?

간절히 원하던 것을 얻은 뒤, 깊이 실망한 적은

없나요?

| 1 | 2 |
|---|---|
| ## TRAVEL 트래블 | ## TRAVAIL 트라바이 |
| 여행, 출장 | 일, 작업, 노동 |

보통 여행과 일은 상반된 의미로 받아들여지지만 영어 트래블과 프랑스어 트라바이는
그 기원이 같습니다. 고대 로마 시대, 사람들을 뙤약볕 아래에 묶어 두던 고문 기구,
세 개 tri의 말뚝 palium이라는 뜻의 라틴어 트리팔리움 tripalium이 그것입니다.
어원이 증명하듯 일과 여행은 분명 고통의 한 단면을 포함하고 있습니다.


1 내게 여행이란 무엇인가요? 여행 중 힘들었던 순간은 언제인가요?

2 내게 일이란 무엇인가요? 무엇이 나를 가장 고통스럽게 하나요?

늦은 저녁, 퇴근 후 소파에 멍하니 앉아 있는 당신.
마음속에서는 네 가지 목소리가 서로 열띤 토론을 합니다.

| 도파민 Dopamine | 세로토닌 Serotonin |
|---|---|
| "가만히 있을 때가 아니야!<br> 퇴근 후 시간을 잘 써야<br> 뒤처지지 않는다고!" | "지금은 좀 쉬어야 할<br> 시간 아닐까?<br> 어제도 늦게 잤잖아." |
| 옥시토신 Oxytocin | 엔도르핀 Endorphin |
| "보고 싶은 사람과 통화하는 게<br> 좋겠어. 마음이 텅 빈 것처럼<br> 공허해." | "운동이라도 해볼까.<br> 땀 좀 빼면 기분이 나아질 것<br> 같은데." |

네 가지 신경전달물질은 흔히 행복 호르몬이라 불리며,
쾌감, 평온함, 유대감, 후련함이라는 서로 다른 행복을 주관합니다.

오늘 나는 누구의 목소리에 응답했나요?

어느 하나의 목소리가 너무 커지면, 나머지는 들리지 않습니다.
요즘 내 안에서 가장 조용한 목소리는 누구인가요?

작아진 목소리를 다시 듣기 위해 내가 할 수 있는 것은 무엇일까요?

애벗 풀러 그레이브스, <종잣돈 The Nest Egg>,
1910.

# 세상 어떤 부도, 생명만큼 귀하지 않다.

THERE IS NO WEALTH BUT LIFE.

존 러스킨, 『나중에 온 이 사람에게도』

JOHN RUSKIN, *UNTO THIS LAST*, 1860.

사람들은 왜 돈을 벌까요? 돈을 위해 돈을 버는 사람은 없습니다.

사랑하는 사람과의 따뜻한 한 끼 식사, 탁 트인 바다 앞에서의 한가한 오후,

꼭 갖고 싶던 포근한 스웨터 한 벌… 돈은 우리의 삶을 더 풍요롭게 채우기 위해 존재합니다.

---

내가 돈을 버는 이유는 무엇인가요?

내가 채우고 싶은 삶의 한 조각은 어떤 모습인가요?

화를 내는 것은 쉽다.
그러나 마땅한 사람에게,
적절한 정도와 때, 올바른 목적과
방법을 갖춰 화를 내는 것은
아무나 할 수 있지도,
결코 쉽지도 않다.

아리스토텔레스, 『니코마코스 윤리학』

ANYBODY CAN BECOME ANGRY —
THAT IS EASY;
BUT TO BE ANGRY WITH THE RIGHT
PERSON, TO THE RIGHT DEGREE,
AT THE RIGHT TIME, FOR THE RIGHT
PURPOSE, AND IN THE RIGHT WAY
— THAT IS NOT WITHIN EVERYBODY'S
POWER AND IS NOT EASY.

ARISTOTLE, *NICOMACHEAN ETHICS*.

---

우리는 흔히 분노를 어떤 문제나 상황의 결과라고
생각합니다. "~ 때문에 화가 났다"고 말하죠.
하지만 분노를 문제의 시작점에 놓으면 이야기는
완전히 달라집니다.

화는 나의 내면 상태를 보여주는 신호입니다.
똑같은 상황에서도 누군가는 화를 내고 누군가는
평온하듯 분노는 내가 나를 얼마나 잘 아는가를
보여줍니다.

화가 나는 일이 있다면 이렇게 생각해 보면
어떨까요? '왜 화가 났을까?'에 한 단어만
추가하면 됩니다. 왜 '나는' 화가 났을까?

구급차 운전기사인 당신은 환자 다섯 명을 태우고 응급실에 가야 합니다.
한 명은 가까운 거리에 살고, 나머지 네 명은 반대 방향의 먼 지역에 살고 있습니다.

한 명을 태우고 가면, 그는 100퍼센트의 확률로 살 수 있습니다.
네 명을 태우고 가면, 그들 모두가 살 확률은 50퍼센트입니다.
길을 돌아 다섯 명 전부를 태우고 갈 시간은 없습니다.

어떤 선택을 하든 내게 법적 책임은 묻지 않습니다.

---

어느 쪽으로 핸들을 돌릴 건가요?
그 이유는 무엇인가요?

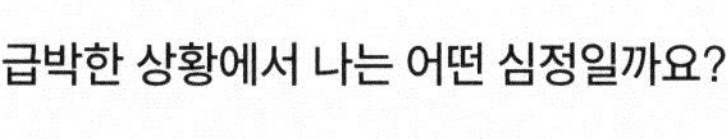

급박한 상황에서 나는 어떤 심정일까요?

디즈니·픽사 애니메이션 <인사이드 아웃> 1~2편의 대사입니다.
나만의 대사를 만들어보세요.

어른이 된다는 것은 무엇일까요?

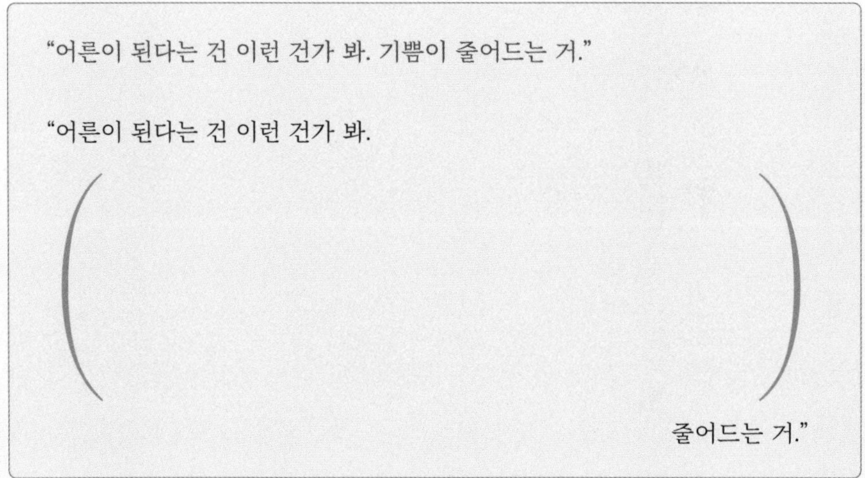


벗어나고 싶은 걱정거리가 있나요?

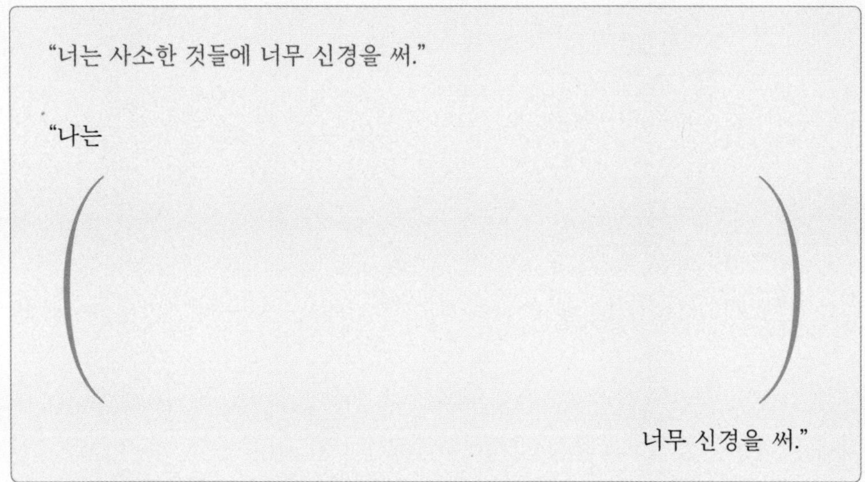

나에게 안정감을 주는 존재는 무엇인가요?

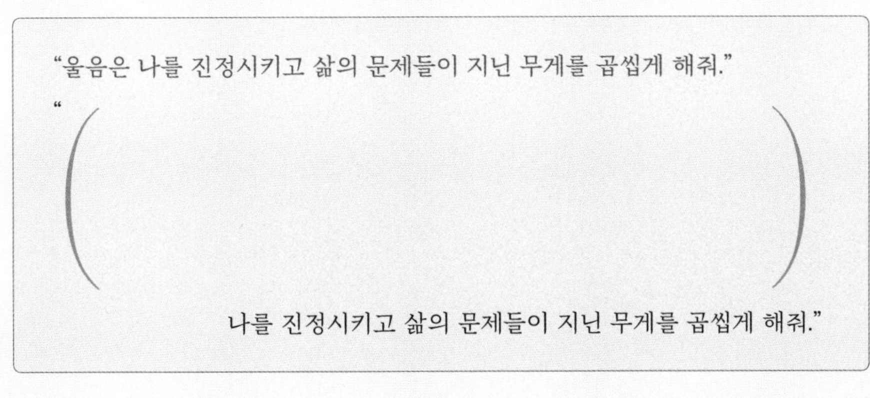


삶에서 나를 가장 힘들게 하는 것은 무엇인가요?

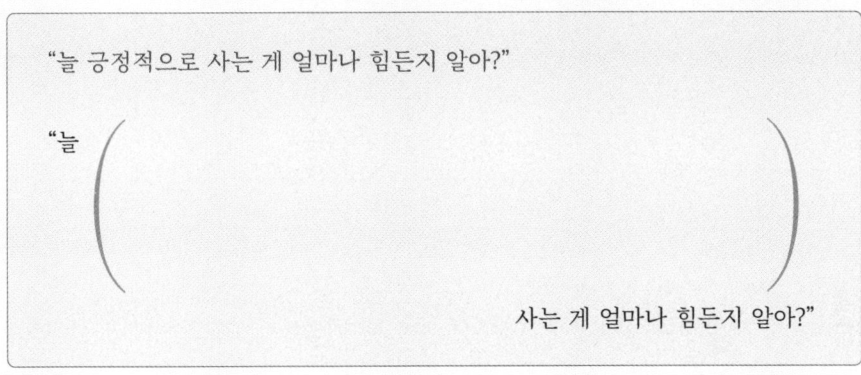


나는 어떤 사람인가요?

지혜는 바오밥나무와 같다.

결코 한 사람이 껴안을 수 없다.



WISDOM IS LIKE A BAOBAB TREE;
NO ONE INDIVIDUAL CAN EMBRACE IT.

AFRICA'S PROVERB

열대 아프리카에서 자라는 바오밥나무는 수천 년 동안 살며, 평균 길이만 20미터, 둘레는 10미터에 이릅니다.

이렇게 큰 바오밥나무를 빙 둘러 안기 위해서는 여러 사람이 손에 손을 잡아야 합니다.

지혜도 마찬가지입니다. 특출한 한 사람이 아닌 다수가 머리를 함께 맞댈 때, 지혜는 비로소 피어납니다.

---

혼자 힘으로는 해결되지 않는 문제가 있다면, 바오밥나무를 함께 껴안을 사람을 떠올려보세요.

누구와 손잡고 싶나요? 그 사람에게 얻고 싶은 지혜는 무엇인가요?

삶에 관한 가치관을 확인할 수 있는 밸런스 게임 열 가지입니다.
반드시 둘 중 하나를 고르고, 이유도 적어보세요.

☐ 지금 성격으로 평생 살기   vs.   ☐ 10년마다 랜덤으로 바뀌는 성격으로 살기

☐ 꿈을 이루면서 가난하게 살기   vs.   ☐ 하기 싫은 일을 하면서 부유하게 살기

☐ 10년에 한 번 얻는 성공   vs.   ☐ 매일 조금씩 얻는 성취

☐ 가진 기억 모두 잃기   vs.   ☐ 가진 돈 모두 잃기

☐ 모두에게 인정받지만 뜻대로 살 수 없는 삶   vs.   ☐ 고립되어 있지만 자유로운 삶

☐ 사랑하는 이와 10년 후 이혼   vs.   ☐ 사랑 없이 조건이 맞는 이와 평생 해로

☐ 많은 사람에게 적당히 사랑받는 삶   vs.   ☐ 한 사람에게 깊이 사랑받는 삶

☐ 과거로 돌아가 실수 한 가지 지우기   vs.   ☐ 미래의 일 한 가지 미리 알기

☐ 죽는 날 미리 알기   vs.   ☐ 죽는 이유 미리 알기

☐ 지구에서의 완벽한 고립   vs.   ☐ 우주에서의 끊임없는 교류

말할 때가 되기 전에 말하는 것을
조급하다 하고,
말해야 할 때 하지 않는 것을
숨긴다고 하고,
얼굴빛을 살피지 않고 말하는 것을
눈뜬장님이라 한다.

공자, 『논어』

言未及之而言 謂之躁
언미급지이언 위지조
言及之而不言 謂之隱
언급지이불언 위지은
未見顏色而言 謂之瞽
미견안색이언 위지고

孔子, 『論語』

---

나는 말이 앞서는 사람인가요?
말하는 것이 어려운 사람인가요?

말해야 할 때, 하지 않아서 후회한 적이 있나요?
그때 기분이 어땠나요?

상대의 상황을 살피지 않고 말하다가 실수한 적이 있나요?

내가 생각하는 말 잘하는 사람의 특징은 무엇인가요?

## 힘내. 절대 포기하지 마!
## 우리는 잘 해낼 거야.

찰리 채플린, <모던 타임즈>



CHARLIE CHAPLIN, "MODERN TIMES", 1936.

---

힘을 낼 수 없는 상황에서
힘내라는 소리를 들으면 힘이 더 빠집니다.

하지만 힘을 내라는 말이
오늘의 내가 아닌,
내일의 나를 향해 있다면 어떨까요?

<모던 타임즈>가 탄생한 1936년,
산업사회의 한복판에서 사람들은 부속품처럼
취급되었고 지속된 대공황으로 지칠 대로
지쳐 있었습니다.

그러나 찰리 채플린은 우리 안에,
세상이 무너져도 다시 웃을 수 있는
놀라운 회복력이 있다는 것을 믿었습니다.

현실을 모르는 낙관이 아닙니다.
진짜 긍정은 현실을 외면하지 않으면서도,
끝내 희망을 놓지 않는 마음에서 시작됩니다.

지금은 힘내지 않아도 괜찮습니다.
하지만 미래의 나에게는 힘을 주세요.
오늘보다 내일이 나을 이유를
매일 하나씩만 찾아보세요.

두 배가 폭풍에 휩싸였습니다.
한 배는 닻을 내리고 폭풍이 지나가기를
기다렸습니다.
또 다른 배는 돛을 올리고 폭풍을 뚫고
나아갔습니다.
어느 쪽이 옳았는지는 폭풍이 지나간
뒤에야 알 수 있습니다.

나는 닻을 내리는 사람인가요, 돛을 올리는 사람인가요?

클로드 모네, <인상, 해돋이 Impression, Sunrise>,
1872.

모네는 르아브르의 항구를 바라보며,
순간적으로 변하는 빛과 공기를 포착해 '인상'이라는 제목을 붙였습니다.
이를 본 한 평론가는 그저 '인상'을 그린 것에 불과하다며 조롱했죠.
미술사에 큰 획을 그은 인상주의는 이처럼 '다름'을 '틀림'이라 말하는
세상의 편견 속에서 시작되었습니다.

세상은 다른 것을 곧잘 잘못된 것으로 취급하지만 다른 것은 틀린 것이 아닌, 특별한 것입니다.
사람들의 시선에서 벗어나 내 특별함을 드러내기 위해서는 나부터 확신을 가져야 합니다.
작품 제목을 당당하게 '인상'이라 이름 붙인 모네처럼요.

---

이 세상에 유일한 사람, 나라는 작품의 제목은 무엇이 좋을까요?

어려서 무서운 꿈을 꾸다가 흐느끼며 깨어난 적이 있었다.
꿈이었다는 걸 알고 안심하고 다시 잠들려면
옆에서 어머니가 부드러운 소리로 말씀하셨다.
"얘야 돌아눕거라, 그래야 다시 못된 꿈을 안 꾼단다."
돌아누움, 뒤집어 생각하기, 사고의 전환, 바로 그거였어.
앞으로 노력하고 힘써야 할 지표가 생긴 기분이었다.

박완서, 『한 말씀만 하소서』

---

1988년 박완서는 달랠 길 없는 참척慘慽의
슬픔에 괴로워하다 어린 시절 어머니의
목소리를 떠올립니다.
혹시 헤어날 수 없는 막다른 상황에 처한 것 같나요?
그럴 때면 이렇게 반복해 필사해 보세요.


"돌아눕거라,
그래야 다시 못된 꿈을 안 꾼단다."

다시 태어난다면 어떤 동물로 태어나고 싶나요?

☐ 대나무 먹방만으로도
　 귀여움을 받지만 수많은 사람과
　 포토 타임을 가져야 하는 팬더

☐ 압도적인 피지컬을 자랑하지만
　 모계 사회 속에서 우두머리는
　 못 되는 수컷 코끼리

☐ 최고급 대우를 받지만
　 쇼츠 찍느라 산책할 시간이 없는
　 인플루언서 주인의 강아지

☐ 안락한 환경이지만
　 혼자 있고 싶어도 있을 수 없는
　 고양이 카페 소속의 고양이

☐ 멸종 위기종으로 태어나
　 인간들에게 특별 대우를 받지만
　 수명이 한 달인 나비

☐ 관광지에 터를 잡아 배는
안 고프지만 새우보다
새우깡을 더 많이 먹는 갈매기

☐ 이직할 필요 없는 평생 직장이
있지만 하루 종일 일해야 하는
일개미

☐ 대적할 천적이 없지만 길치 끼가
있어 마을에 내려왔다가 수시로
공격받는 멧돼지

☐ 매일 관중의 박수를 받으며
살지만 혹독한 훈련 스케줄을
소화해야 하는 돌고래

☐ 온도와 습도는 완벽하고
잡아 먹힐 위험도 없지만
단칸 비바리움에 사는 도마뱀

일본어 와비사비는 겉으로는 화려하지 않아도 시간의 깊이가 주는 아름다움을 뜻합니다.
우리의 나이 듦도 이와 같습니다. 삶은 언제까지나 완벽할 수 없고, 영원하지도 않지만
세월이 주는 아름다움은 젊은 시절에는 결코 가질 수 없습니다.


1 내가 가진 부족함이 오히려 삶에 여유를 가져온 적이 있나요?

 어릴 때는 몰랐던 지금의 내 매력은 무엇인가요?

다른 사람에게서 거슬리는 모든 점은
결국 우리 자신을 이해하는
실마리가 된다.

카를 융, 『기억, 꿈, 사상』

ALLES WAS UNS AN ANDEREN STÖRT,
KANN UNS HELFEN, UNS SELBST BESSER ZU
VERSTEHEN.

CARL GUSTAV JUNG, *ERINNERUNGEN, TRÄUME,
GEDANKEN*, 1962.

---

우리가 누군가를 미워한다면
사실은 그 사람 안에 있는
우리의 무언가를 미워하는 것이다.
우리 안에 없는 것은,
우리 마음을 흔들지 못한다.

헤르만 헤세, 『데미안』

WENN WIR EINEN MENSCHEN HASSEN,
SO HASSEN WIR IN SEINEM BILD
ETWAS, WAS IN UNS SELBER SITZT.
WAS NICHT IN UNS SELBER IST, DAS
REGT UNS NICHT AUF.

HERMANN HESSE, *DEMIAN*, 1919.

감정이란 내 마음 상태에 따라 다르게
나타납니다. 누군가에게 화나 짜증이 난다면
내 안에 억압된 모습과 연관되었을지 모릅니다.
내 안에 억눌린 어떤 모습이 특정한 감정을
유발하는지 마음에 귀 기울여 보세요.

다른 사람의 말이나 행동에서 무엇이
거슬리나요?

혹시 내 안에는 그런 모습이 없나요?

메시지에 집중하며 필사해 보세요.

레프 톨스토이, 『전쟁과 평화 War and Peace』, 1869.

모든 싸움에서 가장 강력한 힘은 인내와 시간이다.
THE TWO MOST POWERFUL WARRIORS ARE PATIENCE AND TIME.

고통이 없다면 인간은 자신의 한계를 모르고,
자신이 어떤 존재인지도 알 수 없을 것이다.
IF THERE WERE NO SUFFERING,
MAN WOULD NOT KNOW HIS LIMITATIONS, WOULD NOT KNOW HIMSELF.

루이스 캐럴, 『이상한 나라의 앨리스 *Alice's Adventures in Wonderland*』, **1865.**

나는 도대체 누구인가? 이것이야말로 인생의 가장 큰 수수께끼다.
WHO IN THE WORLD AM I? AH, THAT'S THE GREAT PUZZLE.

어제의 나로 돌아간다고 해도 소용없다.
그때의 나는 이미 지금의 내가 아니다.
IT'S NO USE GOING BACK TO YESTERDAY, BECAUSE
I WAS A DIFFERENT PERSON THEN.

어른들도 모두 한때는 아이였다.

(하지만 그 시절을 기억하는 사람은 드물다.)

생텍쥐페리, 『어린 왕자』

TOUTES LES GRANDES PERSONNES
ONT D'ABORD ÉTÉ DES ENFANTS.
(MAIS PEU D'ENTRE ELLES S'EN
SOUVIENNENT.)

ANTOINE DE SAINT-EXUPÉRY,
*LE PETIT PRINCE*, 1943.

---

언제 처음으로 '어른이 되었다'는 생각을 했나요?

아이와 어른을 구분 짓는 것은 무엇일까요?

어린 시절에 봤던 어른의 모습과
지금의 나는 무엇이 같고, 무엇이 다르나요?

0부터 100 사이에서 내 어른 지수를 평가한다면,
어디에 위치할까요?

찰스 앨런 길버트, <모든 것이 헛되도다 All is Vanity>,
1892.

헛되고 헛되며 헛되고 헛되니
모든 것이 헛되도다.

전도서 1장 2절



---

무엇이 먼저 보였나요?

한때 집착했지만, 인생 전체를 돌아봤을 때 헛되다는 것을 깨달은 그 무엇이 있나요?

더하기, 빼기, 곱하기, 나누기. 우리가 가장 먼저 배우는 수학의 공식입니다.
삶도 이 네 가지로 설명해 보면 어떨까요? 무엇을 더하고, 덜어내고 싶나요?
또 어떤 것을 곱하고, 나누고 싶나요? 내 인생의 사칙연산을 세워보세요.

내 인생에 더하고 싶은 것

내 인생에서 빼고 싶은 것

내 인생에서 배로 만들고 싶은 것

내 인생에서 나눠 갖고 싶은 것

어렸을 때 어머니는 말씀하셨죠.
"넌 군인이 된다면 장군이 될 거고,
수도사가 된다면 교황이 될 거란다."
하지만 나는 화가가 되었고,
결국 피카소가 되었습니다.

파블로 피카소



---

이 세상에 나는 단 한 명입니다.

나는 누군가와 비교하지 않아도,
아무것도 증명하지 않아도,
그저 나로서 특별합니다.

삶은 완전하지 않습니다.
세상은 살 만하다가도 큰 좌절을 안겨주고,
어디로 가야 할지 방향을 잃게 만들지만,
그 여정까지가 내 역사입니다.

삶이 완전함이 아닌
충분함을 찾는 과정이라면
내가 나로서 충분한 사람에게,
행복은 멀리 있지 않습니다.

나는 ___________ 입니다.
나는 무엇이 아닌, 나로 존재합니다.

불행 중 가장 큰 고통은
한때 행복했었다는 기억이다.

보에티우스, 『철학의 위안』

IN TIMES OF MISFORTUNE, THE DEEPEST
PAIN COMES FROM REMEMBERING
WHEN YOU WERE HAPPY.

BOËTHIUS, *THE CONSOLATION OF PHILOSOPHY*,
523~525.

---

행복과 불행의 기준은 어디에 있을까요?
과거와의 비교일까요,
지금 이 순간의 경험일까요?
언제 행복하고, 언제 불행하다고 느끼나요?

모든 사람에게 평생 100의 행복이 동일하게
주어진다면, 지금까지 내게는 얼마의 행복이
주어졌을까요?

앞으로 느낄 행복이 지금까지 느낀 행복보다
더 적게 남아 있다면, 행복했던 기억을
고통이 아닌 위안으로 삼을 수 있는 방법은
무엇일까요?

어느 날, 낯선 사람이 다가와
속삭입니다.
"내가 이번 주 로또 당첨 번호를
알려줄게. 단, 조건이 있어.
당첨금의 절반을 네가 가장 싫어하는
사람에게 줘야 해.
그리고 그 사람은 돈을 굴려서, 결국
네가 가진 것의 두 배를 갖게 될 거야."
큰돈을 가질 기회가 눈앞에 있지만
마음은 편치 않습니다.

나라면 이 기회를 잡을까요, 포기할까요?

제안을 포기하고 싶을 만큼 싫어하는 사람이 있나요? 그 사람이 왜 미운가요?

미움이 내 마음을 잠식해서, 기회를 놓치게 한 적은 없나요?

여기 다른 사람과 관계를 맺는 세 가지 방식이 있습니다.
내 주변의 사람들을 각 카테고리별로 분류해 보세요.

**상생적 관계**: 나와 그 사람을 위한 일이 동일한 사람들

나를 이롭게 하고, 남도 이롭게 한다.       **自利利他** 자리이타

『법화경』                                       『法華經』

그러므로 무엇이든지 남에게
대접을 받고자 하는 대로
너희도 남을 대접하라.

마태복음 7장 12절

THEREFORE ALL THINGS
WHATSOEVER YE WOULD THAT
MEN SHOULD DO TO YOU, DO YE
EVEN SO TO THEM: FOR THIS IS THE
LAW AND THE PROPHETS.

MATTHEW 7:12



내가 원하지 않는 것을
남에게 강요하지 말라.

『논어』

己所不欲 勿施於人
기소불욕 물시어인

『論語』

《홀 어스 카탈로그 Whole Earth Catalog》,
October 1974.

"늘 갈망하라. 더 대담하라."                    "STAY HUNGRY. STAY FOOLISH."

2005년 스탠퍼드 대학교 졸업식 연설에서, 스티브 잡스는 자기 유년 시절의 정신세계를 장악했던
한 잡지의 뒤표지 문구를 인용합니다. 애플의 탄생과 정신에 영향을 미쳤던 이 잡지는 오늘날
실리콘밸리 도전 정신의 토대가 된 반문화를 선도했죠.
열정과 무모함은 젊은 시절의 치기로 다뤄지기 쉽지만, 실상 인생 전반에서 가져야 할 삶의 태도입니다.
‘Be hungry, Be foolish’로는 결코 담아낼 수 없는, 지속적이고도 근원적인 삶의 자세를
보여주는 문장입니다.

---

마음속에 간절히 원하는 무언가를 떠올려보세요.
어리석을 만큼 무모한 도전을 감내할 자신이 있나요?
나는 ‘Be’에 멈춰 있나요? ‘Stay’로 나아가고 있나요?

휴대전화 배터리가 몇 퍼센트 남아 있나요?

배터리가 줄어들면 불안해서, 바로바로 충전하는 편인가요?

내 몸의 배터리를 체크해 보세요. 지금 몇 퍼센트가 남아 있나요?

내 몸의 배터리도 종종 점검하는 편인가요?

나는 어떻게 해야 충전되나요?

C Chiostri
Firenze

선의의 거짓말을 해본 적이 있나요? 이 또한 거짓말일까요?

선의의 거짓말은 나를 위한 걸까요, 상대를 위한 걸까요?

거짓말을 용서할 수 있는 조건은 무엇인가요?

다시는 마주치지 말자
다시는 마음 주지 말자
우리 잘 가던 곳 발이 이끌던 곳
그 어디에도 있지 마

한 번쯤 우연같이 만나
두 번은 사랑하지 말자
너를 잃고 나서 죽음처럼 사는
날 보이기는 싫어

마주치고 싶어 마음 주고 싶어
내 가슴이 하는 말

장혜진, <마주치지 말자> (작사 최갑원)

---

아직 마음이 정리되지 않은 전 연인,
가장 친하지만 동시에 라이벌 관계인 친구,
나를 세상에 낳아줬지만 가장 힘들 때 곁에
없었던 부모.

누구나 사랑하는 동시에 미워하는, 애증의 감정을
느껴본 적이 있을 것입니다. 그럴 때면 진심이
아닌, 마음속에 없는 날 선 말을 하기도 합니다.

지금 사랑하면서도 미운 상대가 있나요?

애증의 두 감정 중 무엇이 주된 감정인가요?

진짜 하고 싶은 말이 무엇인지 내 마음에
솔직해 보세요.

진짜 하고 싶은 말이 무엇인지 내 마음에
솔직해 보세요.

싸움은 대부분 예고 없이 시작됩니다.
그리고 언제나 그랬듯, 하고 싶은 말은 꼭 나중에 생각납니다.
'이렇게 말했어야 했는데...' 생각하다 보면, 그날 밤 잠은 다 잤다고 봐야 합니다.
여기에 못다 한 말을 속 시원히 적어보세요.

※ 2차전을 위한 준비용으로 사용해도 좋습니다.

비에도 지지 않고

바람에도 지지 않고

눈에도 여름의 더위에도 지지 않는

튼튼한 몸을 지니고

욕심은 없으며

결코 화내지 않고

언제나 조용히 웃으며

(⋯)

모두에게 바보라 불리며

칭찬받지도 못하고

어떤 자리나 역할에도 얽히지 않는

그런 사람이

나는 되고 싶다.

미야자와 켄지, 「비에도 지지 않고」

雨ニモマケズ
風ニモマケズ
雪ニモ夏ノ暑サニモマケヌ
丈夫ナカラダヲモチ
慾ハナク
決シテ瞋ラズ
イツモシヅカニワラッテヰル
(⋯)
ミンナニデクノボートヨバレ
ホメラレモセズ
クニモサレズ
サウイフモノニ
ワタシハナリタイ

宮沢賢治, 「雨ニモマケズ」, 1931.

---

만화 <은하철도 999>의 원작자로도 알려진
일본의 작가이자 시인 미야자와 켄지의
미발표 유작 시의 일부입니다.

튼튼한 몸으로 욕심 없이 살고자 한 그처럼
내가 삶에서 원하는 최소한의 것은 무엇인가요?

나는 어떤 사람이 되고 싶나요?

나는 어떤 사람이 되고 싶나요?

빈센트 반 고흐, <사이프러스가 있는 밀밭 A Wheatfield, with Cypresses>,
1889.

자연을 마음 깊이 사랑하면,
세상 모든 곳에서 아름다움을 느낄 수 있다.

빈센트 반 고흐



---

파도 끝에 부서지는 햇살의 조각,
초저녁 바람에 흔들리는 나뭇잎 소리,
봄비 뒤에 피어나는 흙냄새.

내가 좋아하는 자연 풍경은 무엇인가요?

시간을 팔 수 있는 장치를 발견한 당신.
사용법은 간단합니다.
다가올 시간을 파는 즉시 백억의 돈을 받을 수 있죠.
단, 당신에게는 앞으로 3년의 시간만 남게 됩니다.

---

시간과 돈을 바꿔 백억이 생긴다면 3년 동안
무엇을 하고 싶나요?

바꾸고 싶지 않다면, 현실적으로 수용 가능한
교환 조건은 무엇인가요?

내 삶에서 물질적 가치와 정신적 가치의 비율은
몇 대 몇인가요?

바꾸고 싶지 않다면, 현실적으로 수용 가능한
교환 조건은 무엇인가요?

내 삶에서 물질적 가치와 정신적 가치의 비율은
몇 대 몇인가요?

인간은 본능적으로 사랑받기를
원할 뿐만 아니라,
사랑받을 만한 사람이 되기를 원한다.
또한 인간은 본능적으로
미움받는 것을 두려워할 뿐만 아니라,
미움받을 만한 사람이 되는 것을
두려워한다.

애덤 스미스, 『도덕감정론』
(러셀 로버츠, 『내 안에서 나를 만드는 것들』)

MAN NATURALLY DESIRES,
NOT ONLY TO BE LOVED, BUT TO
BE LOVELY; OR TO BE THAT THING
WHICH IS THE NATURAL AND
PROPER OBJECT OF LOVE.
HE NATURALLY DREADS,
NOT ONLY TO BE HATED, BUT TO
BE HATEFUL; OR TO BE THAT THING
WHICH IS THE NATURAL AND
PROPER OBJECT OF HATRED.

ADAM SMITH,
*THE THEORY OF MORAL SENTIMENTS, 1759.*

---

사랑을 받는 것은 타인의 선택이지만,
사랑받을 만한 존재가 되기 위한 과정은
내 선택입니다.
관계 속에서 나를 돌아보며,
더 나은 내가 되려는 노력은
타인의 평가에 나를 맡기는 것이 아닌,
내 의지로 내 존재 가치를 바꾸는 일입니다.

내가 생각하는 사랑받을 만한 사람의 조건은
무엇인가요?

나는 그중 무엇을 갖고 있을까요?

# 間不容髮 간불용발



'간발의 차'로 운명이 바뀐 순간이 있나요?
그 차이를 만든 것은 내 노력인가요? 우연인가요?

다음의 숫자를 내 주변 사람들로 치환해 보세요.

**"0"** 무엇이든 곱하는 순간 제로! 함께하면 세상의 복잡한 계산이 사라지는 사람은?

**"1"** 모든 수의 시작! 새로운 도전을 시작할 수 있도록 용기를 주는 사람은?

**"2"** 1이 자신을 마주한 결과! 나와 가장 많이 닮은 사람은?

**"3"** 면을 완성하는 최소 단위! 내 존재감을 확실하게 만들어주는 사람은?

**"4"** 이 세상에 가장 많은 도형 네모! 내 일상을 가장 많이 공유하는 사람은?

**"5"** 가위바위보의 다섯 손가락! 감정에 치우치지 않고 해답을 주는 사람은?

**"6"** 거꾸로 보면 9! 다른 관점으로 내 시각을 넓혀주는 사람은?

**"7"** 비 갠 뒤 일곱 빛깔 무지개! 힘든 일을 겪은 후 곁에 있어 주는 사람은?

**"8"** 눕히면 무한대 ∞! 시간이 흘러도 끊어지지 않을 인연의 사람은?

**"9"** 한 자리 수의 마지막! 마지막에 함께하고 싶은 사람은?

단 두 달만 다른 사람에게
관심을 기울이면,
관심을 얻으려 애쓴 두 해보다
훨씬 더 많은 친구를 만들 수 있다.

데일 카네기, 『인간관계론』



_______년 ___ 월 ___ 일,
앞으로 두 달 동안 내 이야기를 하기보다
다른 사람의 이야기에 귀 기울여 보세요.
어떤 변화부터 시작해야 할까요?

_______년 ___ 월 ___ 일,
그동안 어떤 노력을 했나요?
주변 사람들이 어떻게 달라졌나요?

곁에 좋은 사람이 생길 때마다 기록해 보세요.

________년 ___ 월 ___ 일

________년 ___ 월 ___ 일

________년 ___ 월 ___ 일

________년 ___ 월 ___ 일

## 꿈꾸다

**1**

꿈을 꾸다.

**2**

무엇이 이뤄지기를 바라는 마음을
속으로 품다.

**1** 내가 최근에 꾼 꿈은?

2 내 평생의 꿈은?

무더운 여름날, 배고픈 여우는 숲을
걷다 높은 나무에 달린 포도를
발견합니다.
입을 쭉 내밀어도 보고, 여러 번
뛰어올라도 봤지만 너무 높이 매달린
탓에 먹을 수 없었죠.
그러자 여우는 이렇게 말하고는
발길을 돌립니다.
"어차피 저 포도는 시어서 먹을 수
없을 거야."

이솝 우화 Aesop's fable 중에서

내가 포기한 포도는 무엇인가요? 정말 신 포도였을까요?

존 윌리엄 워터하우스, ＜율리시스와 사이렌 Ulysses and the Sirens＞,
1891.

그리스 로마 신화에서 사이렌은 아름다운 노래로 선원들을 유혹해
배를 난파시키는 존재입니다.
이 유혹에 넘어간 사람들은 정신을 잃고 바다에 빠지고 말죠.
오디세우스는 유혹에서 벗어나기 위해 자신을 배에 묶고,
선원들의 귀를 막았습니다.
자기 의지의 한계를 인정한 그는
무사히 살아서 고향으로 돌아갈 수 있었습니다.

나에게 '사이렌'은 무엇인가요? 나는 어떤 욕구에 취약한가요?

흔들리지 않기 위해 무엇을 할 수 있을까요?

**AI가 설명한 자신의 강점입니다.**

나는 기억을 잊지 않습니다.
나는 빠르게 분석합니다.
나는 창의적 조합을 돕습니다.
나는 언제나 응답합니다.
나는 객관적입니다.

---

AI의 강점에 대응할 나만이 가진 강점은
무엇일까요?

우리는 종종 진짜 의미는 숨긴 채 마음에도 없는 말을 하기도 합니다.
다음의 말 중에서 내가 최근에 한 말이 있는지 찾아보세요.

나는 어떤 마음으로 이 말을 건넸나요?
말 속에 감춘 내 진짜 생각을 표현해 보세요.

"난 괜찮아. 신경 쓰지 마."

"나중에 이야기하자."

"네 마음대로 해."

"내가 알아서 할게."

"언제 한번 보자."

"혼자 있고 싶어."

"생각해 볼게."

'그레고르 잠자'는 잠에서 깨어나
자신이 벌레로 변해 있다는 사실을
깨닫고 깊은 절망에 빠집니다.
가족들은 처음에는 그를 돌보지만,
시간이 갈수록 혐오스러운 시선으로
바라봅니다.
가장이라는 '존재 가치'를 상실한 그는
결국 쓸쓸한 죽음 속에 방치됩니다.

프란츠 카프카, 『변신 *Die Verwandlung*』,
1915. 줄거리

"내가 바퀴벌레로 바뀌면 어떨 것 같아?"

다른 사람이 아닌 나에게 물어보세요.
내 존재 가치는 무엇인가요? 바퀴벌레로 바뀌어도 사라지지 않을까요?

카라바조, <나르키소스 Narcissus>,
1597~1599.

연못에 비친 자신의 모습을 보고 사랑에 빠진 나르키소스.
그는 자신을 두고 떠날 수 없어 결국 그 자리에서 죽음을 맞이합니다.

나는 나를 얼마나 사랑하나요?
내가 사랑하는 것은 '실제의 나'인가요?
누군가의 눈에 비친 '허구의 나'인가요?

태어난 달과 일을 더하면 내 믿음의 숫자가 나옵니다.
해당 숫자를 찾아 옆에 적힌 문장을 매일 아침 되뇌어 보세요.
믿는다는 것은, 간절히 기다리는 미래를 먼저 살아보는 일입니다.

2  나는 나로서 충분합니다.

3  나는 나만의 속도로 살아갑니다.

4  나는 꿈을 실현할 사람입니다.

5  나는 흔들리지만, 부서지지 않습니다.

6  나는 내 안의 가능성을 알고 있습니다.

7  나는 매일 조금씩 나아지고 있습니다.

8  나는 내 선택을 믿습니다.

9  나는 살아갈 용기를 잃지 않습니다.

10  나는 내 삶의 주인입니다.

11  나는 나에게 친절한 사람입니다.

12  나는 역경 속에서도 희망을 봅니다.

13  나는 어제의 나를 이해하고,
    내일의 나를 기대합니다.

14  나는 사랑받아 마땅합니다.

15  나는 내 안의 평화를 지켜냅니다.

16  나는 지금 이 순간의 소중함을 알고 있습니다.

17  나는 나 자신과의 약속을 지킵니다.

18  나는 내 삶의 방향을 스스로 정합니다.

19  나는 내가 점점 더 좋아집니다.

20  나는 내 가능성을 의심하지 않습니다.

21  나는 충분히 강한 사람입니다.

22  나는 진심으로 세상을 바라봅니다.

23  나는 내가 원하는 사람이 되어가고 있습니다.

24  나는 내 삶의 흐름과 리듬을 믿습니다.

25  나는 불가능을 가능으로 만듭니다.

26  나는 이미 많은 것을 이겨냈고,
    앞으로도 그럴 것입니다.

27  나는 내 마음의 소리에 귀 기울입니다.

28  나는 내 감정을 존중합니다.

29  나는 필요한 순간에 필요한 힘을 냅니다.

30  나는 세상의 기준에 휩쓸리기보다
    내가 정한 기준을 따릅니다.

31  나는 내 힘으로 나아갑니다.

32  나는 삶의 중심을 잃지 않습니다.

33  나는 내 인생을 스스로 해석하고 책임집니다.

34  나는 나를 지탱해 주는 힘이
    어디에서 오는지 알고 있습니다.

35  나는 사랑을 주는 일과 받는 일을
    두려워하지 않습니다.

36  나는 결국 나답게 살아갈 것입니다.

37  나는 나에게 부드럽고, 세상에는 단단합니다.

38  나는 내가 나아갈 길을 잃지 않습니다.

39  나는 언제든 다시 시작할 수 있는
    용기를 갖고 있습니다.

40  나는 내 운명을 스스로 설계합니다.

41  나는 도전을 두려워하지 않습니다.

42  나는 세상을 내 편으로 만들 힘이 있습니다.

43  나는 나를 기다릴 줄 압니다.

내게 주어진 문장보다 더 마음에 드는 말이 있다면 적어보세요.
왜 그 문장에 마음이 갔나요?




내가 바라는 내가 되기 위해서는 믿음만큼 노력도 필요합니다.
믿음을 현실로 만들기 위해 내가 할 수 있는 가장 사소한 변화는 무엇일까요?

자기를 희생하는 것이 당연하다고 생각하는
사람은 다른 사람을 희생시키는 것조차도
부끄러워하지 않는다.

조지 버나드 쇼, 『인간과 초인』



희생은 단순히 도와주는 마음과는 다릅니다.
희생이란 돈이나 명예, 심하면 목숨까지
누군가를 위해, 혹은 어떤 목적을 위해
버리는 것을 말합니다.

살면서 희생을 해본 적이 있나요?
혹시 무의식중에 돌려받으려는 마음이
있지는 않았나요?

나에게도 타인에게도, 허용할 수 있는
희생의 범위는 어디까지인가요?

타인의 희생을 기대하는 것은 정말 부끄러운
일일까요?

진리는 전체 속에 있다.
하지만 그 전체란 처음부터 완전한 것이
아니라, 자기 자신을 발전시키고
완성해 가는 과정 속에서만 존재한다.

헤겔, 『정신현상학』



---

우리의 삶은 완성된 결과가 아닌 과정 속에 있고,
모든 과정은 수많은 시행착오를 동반합니다.
불완전한 하루하루의 선택과 경험이 곧
나를 완성해 가는 것 아닐까요.

결과는 만족스럽지 않았지만 최선을 다했던
경험이 있나요?

부족함조차 내 일부로 받아들였나요,
못마땅해했나요? 당시의 기분을 떠올려보세요.

그 과정을 겪은 나는 이전의 나와 무엇이
달라졌나요?

누군가 내게 이렇게 말하며 위로와 조언을 구해왔다면 어떤 말을 해줄 건가요?


“그 사람이 날 사랑하는 것보다 내 사랑이 더 크다는 걸 깨달았어.”


“가족조차 날 이해하지 못해. 세상에 날 이해해 줄 사람이 있을까?”


“나만 빼고 다들 잘나가는 것 같아.”


“내 의도는 그게 아니었는데, 상처 준 사람이 돼버렸어.”

"요즘 자꾸 무기력해져. 재미있는 게 하나도 없어."

"도대체 언제까지 남이 정한 기준에 맞추며 살아야 할까?"

"가장 소중한 존재를 다시는 볼 수 없게 됐어."

여기에 적은 말들은 어쩌면 내가 가장 듣고 싶은 말일지 모릅니다.
같은 상황에 처했을 때, 이곳을 펼쳐 보고 스스로에게 말해주세요.

앞에 빈 의자가 하나 있습니다. 여기에 한 사람을 앉혀보세요.
가장 먼저 누가 떠올랐나요? 그 사람에게 하고 싶은 말이 있나요?

리어왕은 세 딸에게 왕국을 나눠
주며, 자신을 가장 사랑한다고 '말'한
딸에게 권력을 넘기려 합니다.
결국 막내딸의 '진심'은 아첨 섞인
두 딸의 '말'에 가려졌고 리어는
모든 권력을 잃은 뒤에야
인간 존재의 본질과 냉혹한 세상의
원리를 깨달으며 생을 비극적으로
마감합니다.

셰익스피어, 『리어왕 *King Lear*』,
1605~1606. 줄거리

사랑은 말로 증명되는 걸까요, 행동으로 드러나는 걸까요?

달콤한 말에 속아 비극으로 끝난 관계가 있나요?

잃어버린 뒤에야 그 소중함을 깨달은 관계가 있나요?

삶의 공식 열두 문제입니다.
정해진 답도, 시간 제한도 없습니다.
나만의 답을 찾아보세요.
주변의 지인들과 서로 답을 비교해 봐도 좋습니다.

---

돈 ✕ 시간 = ___________________ 의 가능성

___________________ ✚ 탄수화물 = 인성

행운 ➗ ___________________ = 행복

다정 ✚ ___________________ = 관계의 시작

___________________ ✕ ___________________ = 나다움

실패 ➗ ___________________ = 성장

사랑 − 신뢰 = 

기대 **+** = 실망

− = 좋은 노인

분노 ÷ = 너그러움

위로 − = 상처

일상 ✕ = 특별한 하루

무지는 지식보다 더 자주 확신을 낳는다.
과학으로는 어떤 문제도 풀 수 없다고
단정하는 이들은, 많은 것을 아는 쪽이
아니라 오히려 아는 것이 적은 쪽이다.

찰스 다윈, 『인간의 유래와 성선택』

IGNORANCE MORE FREQUENTLY BEGETS
CONFIDENCE THAN DOES KNOWLEDGE:
IT IS THOSE WHO KNOW LITTLE, AND
NOT THOSE WHO KNOW MUCH,
WHO SO POSITIVELY ASSERT THAT
THIS OR THAT PROBLEM WILL NEVER
BE SOLVED BY SCIENCE.

CHARLES ROBERT DARWIN, *THE DESCENT OF MAN AND SELECTION IN RELATION TO SEX*, 1871.

---

사람들이 평생 고민하지만 결국 풀지 못하는
문제는 무엇일까요?
"나는 누구인가?"

아마 죽을 때까지 우리는 나에 대해 다 알지
못할 것입니다. 하지만 우리는 종종
다 안다는 듯이 잘못된 확신에 스스로를
내던지기도 하는데요.

나는 나에 대해 잘 알고 있나요?
나는 무엇을 잘하고, 못하나요?
무엇을 좋아하고, 싫어하나요?

내가 아는 나에 대해 적어보세요.

동물들을 착취하던 인간을 몰아내고
농장을 차지한 동물들.
"모든 동물은 평등하다"를 비롯한
7계명 아래 '동물농장'을 세웁니다.
그러나 돼지들은 시간이 지날수록
주도권을 장악하며 권력 다툼까지
벌였고, 급기야 인간처럼 옷을 입고
인간과 거래하며 다른 동물들을
지배합니다.
이상은 왜곡되고 결국 7계명 중 마지막
하나의 계명만 수정되어 남습니다.
"모든 동물은 평등하다.
하지만 어떤 동물은 다른 동물보다
더 평등하다."

조지 오웰, 『동물농장 *Animal Farm*』,
1945. 줄거리

나는 남을 지배하거나 통제하려는 욕구가 있는 사람인가요?
사람을 이끄는 힘은 어디에서 올까요?

함께 지키기로 한 약속을 어기거나, 나에게만 관대하게 적용한 적이 있나요?

동물들을 당연시 착취하다 쫓겨난 농장주처럼 부모, 자식, 친구, 연인 등이 베푸는 희생이
당연하다고 생각한 적은 없나요? 내가 무의식중에 받고 있는 다른 사람의 희생은 무엇일까요?

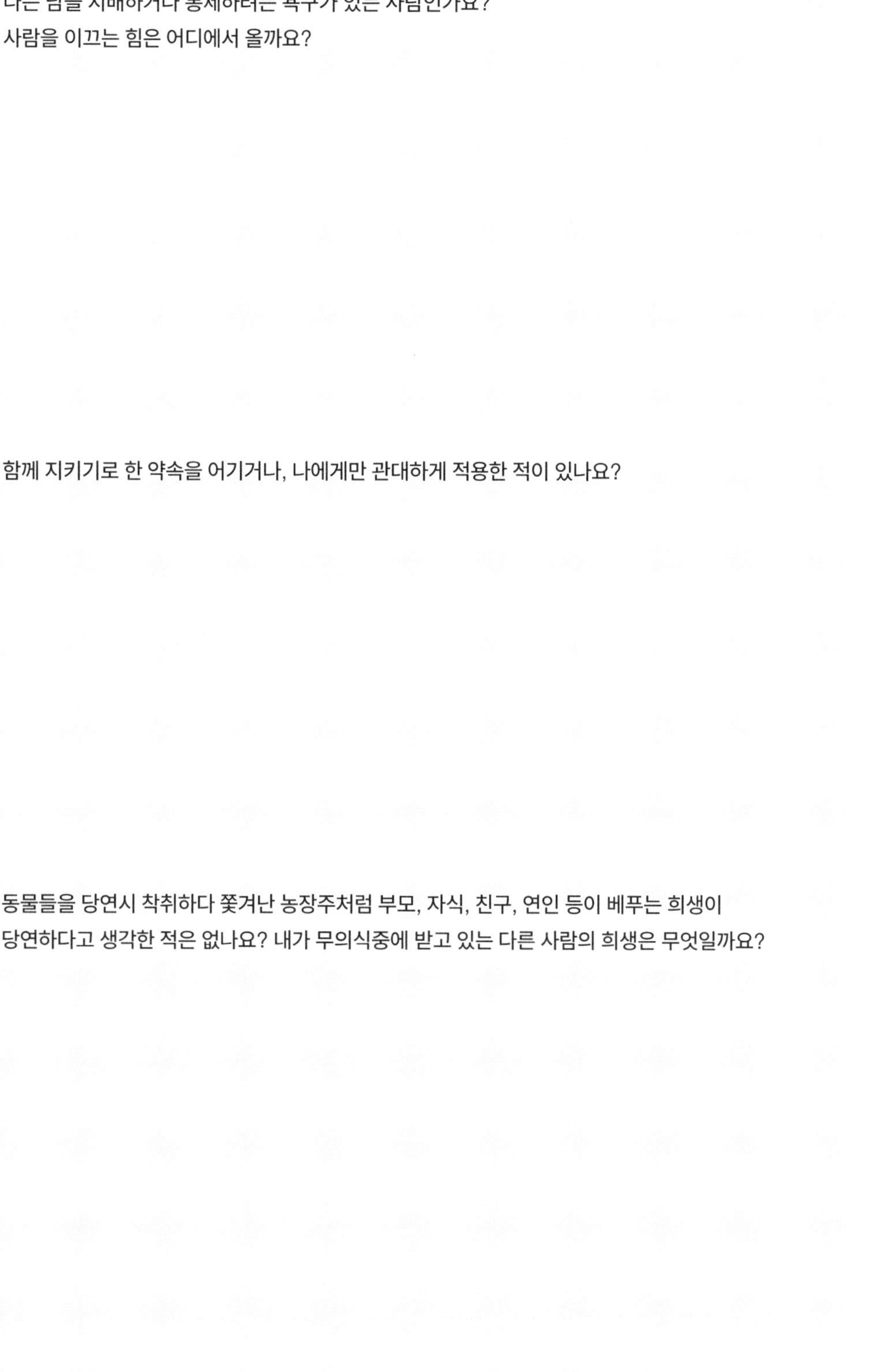

실용성과는 별개로, 외출할 때면 꼭 챙기는 물건이 있나요?

언제부터 이 습관이 시작되었나요? 일종의 의식 ritual인가요?

약속 시간이 빠듯한데 뒤늦게 놓고 왔다는 것을 깨달았을 때,
몇 분 정도의 거리라면 양해를 구하고 다시 돌아갈 건가요?

특별한 추억이 얽혀 있는 물건인가요?

혹시 이 물건을 잃어버려 다시 찾을 수 없다면,
괴롭기만 할까요, 한편으로 자유로울까요?

내가 이 물건에 투영한, 삶에서 가장 중요하게 생각하는 가치는 무엇인가요?

헨리 오사와 태너,
<감사 기도 드리는 가난한 사람들 The Thankful Poor>,
1894.

텅 빈 접시 앞에서도 감사 기도를 드리는 두 사람.

이런 상황에서도 어떻게 감사할 수 있을까요?

따지고 보면 우리의 하루도 대부분 텅 빈 접시처럼 공허하게 흘러갈 때가 많습니다.

감정적 자극도, 든든한 격려도 얻지 못한 하루 끝에는 속이 텅 빈 것처럼 느껴집니다.

하지만 무탈한 하루만으로도 큰 기적이라는 것을 우리는 이미 알고 있습니다.

---

오늘 하루, 나는 무엇을 감사하나요?

**1**

## ADDICTION 어딕션

중독

**2**

## ADDICERE 아디케레

양도하다. 넘겨주다.

중독을 뜻하는 영어 어딕션은 라틴어 아디케레에서 기원합니다.
판결을 통해 어떤 사람을 다른 이에게 귀속시킨다는 의미의 이 라틴어는
고대 로마에서 채무로 남의 소유가 된 사람,
즉 노예 신세의 사람을 뜻하는 단어로 파생되었다고 합니다.

어원에서 알 수 있듯이 중독은 나라는 사람의 주인이 내가 아닌 상태를 말합니다.
중독에 빠진 사람은 삶의 주도권을 내가 아닌 다른 무엇에 넘겨주고,
심하면 정상적인 판단 능력을 잃고 병적 상태에 이르기까지 합니다.


**혹시 지금 중독되어 있나요? 나는 무엇의 노예인가요?**

그것에서 벗어나지 못하는 이유는 무엇일까요?
어떤 방식으로 그 필요성을 합리화하나요?

다시 나라는 사람의 주인이 되는 방법은 무엇일까요?

사후 세계에 도착한 나.
저승에서의 삶에 차차 적응하던 중, 환생 이벤트가 열려
새로 태어날 수 있는 기회가 생겼습니다.
단, 모든 기억은 사라지고 이전과 똑같은 삶을 다시 살아야 합니다.

---

이벤트에 참여할 건가요?
두 번째 삶에서 반복되어도 좋은 것이 있다면
무엇인가요?

환생하던 중, 주최 측의 실수로 기억 하나가 지워지지 않았습니다.
내게 가장 소중한 기억입니다.

어떤 기억이 지워지지 않았을까요?

허우적거리다 눈을 떠보니, 모든 게 다 꿈이네요.
나는 살아 숨 쉬고 있고, 모든 기억도 그대로입니다.

이제부터 내 삶에 어떤 기억을 더하고 싶나요?

강력한 힘과 권력을 가진 반인반신의
왕 길가메시는 친구 엔키두의 죽음으로
인간의 유한성에 대해 성찰하게 됩니다.
그는 반신이라 해도 인간적 한계를
피할 수 없었고 대홍수에도 죽지 않은
유일한 인간, 우트나피시팀을 찾아가
영생의 비밀을 묻습니다.
그는 길가메시에게 잠을 자지 않은
채로 일주일 동안 깨어 있어 보라고
했지만, 길가메시는 그 제안을 지키지
못했고 그나마 찾은 회춘의 열매도
목욕하다 뱀에게 빼앗기고 맙니다.
그렇게 길가메시는 결코 피할 수 없는
죽음의 운명을 깨닫습니다.

「길가메시 서사시 The Epic of Gilgamesh」 줄거리

인류 역사상 가장 오래된 문학 작품으로 꼽히는 길가메시 서사시는 고대 도시국가 우루크의 왕 길가메시의 영웅 신화를 담고 있습니다. 반인반신의 위대한 왕이었던 그조차 잠이라는 인간적 한계에 부딪혔듯, 사람이라면 누구나 정해진 한계가 있고 그런 한계를 인정하는 것이야말로 남은 삶을 더 가치 있게 사는 방법일지 모릅니다.

내 한계는 무엇일까요? 이를 깨달았던 순간은 언제였나요?

한계를 뛰어넘으려 노력한 적이 있나요? 그때 또 다른 한계를 마주하지는 않았나요?

한계를 인정함으로써 오히려 삶이 수월하게 풀린 경험이 있나요?

화살이 목표물을 향해 나아가기 위해서는
먼저 그 반대 방향, 즉 180도 뒤로
당겨져야 한다.

사이먼 시넥, 『스타트 위드 와이』

BEFORE IT CAN GAIN ANY POWER OR
ACHIEVE ANY IMPACT, AN ARROW
MUST BE PULLED BACKWARD,
180 DEGREES AWAY FROM THE TARGET.

SIMON SINEK, *START WITH WHY*, 2025.

---

나를 앞으로 나아가게 하는 힘을 과거에서
찾아보세요.
지금의 나를 만든 것은 어떤 욕망이나
결핍인가요?

10년 전 나를 만난다면 무슨 말을 해주고 싶나요?

10년 후 나는 지금의 나에게 무슨 말을 할까요?

지금의 내가 나에게 하고 싶은 말은?

이들 말에 공통적으로 등장하는 단어가 있다면, 무엇인가요?

티치아노, <시시포스 Sisyphus>,
1548~1549.

신을 농락한 죄로 영원히 산꼭대기에 바윗덩어리를 옮겨야 했던 시시포스처럼
벗어날 수도, 멈출 수도 없어 무의미하게 반복하는 일이 있나요?

모든 인간에게는 의미를 부여하는 능력이 있습니다.
그 어떤 무의미한 일도 내가 의미 있게 대하는 순간, 삶의 소중한 일부가 됩니다.

과연 그 일이 내 삶에 주는 의미는 무엇일까요?

당장 불가능한 것이라고 생각했던 일도
후일에 생각하면 가능했던 것이다.

이어령, 『이어령의 말』

_______년 ___ 월 ___ 일,
오늘 내게 불가능해 보이는 것들을 적어보세요.

다시 펼쳐 봤을 때 가능해 보이는 것이 있다면
적어보세요.

________년 ___ 월 ___ 일

________년 ___ 월 ___ 일

________년 ___ 월 ___ 일

________년 ___ 월 ___ 일

나를 인정해 주는 사람을 알아채는 눈이 있나요?

나에게는 인생의 멘토가 있나요?

나에게는 인생의 멘토가 있나요?

1945년 히로시마에 솟아난 원자구름

폭력을 멈추기 위한 폭력은 정당화될 수 있을까요?
그 판단은 누구의 몫일까요?

유대인이라는 이유로 죽음의 그림자
아래 숨어 살아야 했던 열세 살의
안네 프랑크는 그럼에도 불구하고
"나는 사람들 내면의 선함을 믿는다"고
했습니다.

나치 전범 아돌프 아이히만은 수많은
유대인을 죽음으로 몰고 간 실무
책임자였지만, 상관의 명령에 따랐을
뿐이라며 끝까지 무죄를 주장했습니다.
그의 재판을 본 정치철학자
한나 아렌트는 비판적 사고 없이는
누구나 악행을 저지를 수 있다며
"악의 평범성"을 이야기했습니다.

과연 우리 안의 본성은 무엇일까요? 선일까요, 악일까요?
선과 악, 무엇이 먼저라고 생각하나요?

희망이라는 것은 본래 있는 것도 아니고
없는 것도 아니다.
이는 마치 땅 위의 길과 같다.
본디 땅에는 길이 없지만,
사람들이 많이 걸으면 길이 생기는 법이다.

루쉰,『고향』

希望本是无所谓有, 无所谓无的。
这正如地上的路；其实地上本没有路,
走的人多了, 也便成了路。

鲁迅,『故乡』, 1921.

---

희망은 마음속에서 실현되지 않습니다.
서툴지만 작은 걸음을 내딛을 때 길은 다져집니다.

마음속에 품은 희망이 있나요?
내가 딛을 수 있는 첫발은 무엇인지도
함께 적어보세요.

어머니의 죽음에도 큰 감정 변화 없이
일상을 이어가던 뫼르소.
어느 날 눈부신 태양 아래에서
우발적으로 사람을 죽이고 한순간에
살인자가 됩니다.
그러나 법정에서 문제가 된 것은 살인
그 자체가 아니었죠.
어머니 장례식에서 눈물 한 방울
흘리지 않은 그는 그 자체로
일반적인 사회 통념에서 벗어난
문제적 인간이었습니다.
그는 사형을 선고받지만 죽음을 담담히
받아들이며 오히려 삶의 부조리 속에서
자유를 발견합니다.

알베르 카뮈, 『이방인 *L'Étranger*』,
1942. 줄거리

사회 통념에서 벗어나 있다는 이유로 이방인이 된 듯한 느낌을 받은 적이 있나요?

나는 사회의 요구대로 살아가고 있나요? 나만의 진실에 따라 살아가고 있나요?

취향은 내 마음이 가는 방향을 의미합니다.
시간, 계절, 음식, 음악, 사람… 마음 가는 대로 내 취향의 한 장면을 만들어보세요.

가장 좋아하는 사람을 만나는 날입니다.
그 사람은 내게 어떤 사람인가요?

장소는 내가 원하는 곳으로 정했어요.
어디에서 만날까요?

함께 먹을 음식이나 음료도 가장 좋아하는
것으로 준비했죠. 무엇이 좋을까요?

만나기 전 거울 앞에서 옷매무새를
정리합니다. 나는 어떤 모습인가요?

시계를 보니 그 사람이 도착할 시간이 다
되었어요. 지금은 무슨 요일, 몇 시일까요?

문득 고개를 드니 자연 풍경에서부터 계절감이
느껴집니다. 지금은 어떤 계절인가요?

그때, 흐르던 음악이 다음 곡으로 넘어가며
좋아하는 곡이 나왔어요. 무엇인가요?

조금 뒤 그 사람이 도착했고, 서로 인사를
합니다. 뭐라고 첫마디를 건넬까요?

대화 중 그 사람이 가장 듣고 싶었던 말을
무심코 해줍니다. 어떤 말인가요?

더 시간을 보내다 이제 헤어질 시간이
되었어요. 몇 시간이 흘렀을까요?

마지막으로 그 사람에게 줄 선물을 꺼냅니다.
나는 무엇을 준비했을까요?

헤어진 뒤 하루를 회상하니, 이 감정이 가장
큽니다. 내 마음은 어떨까요?

이제 살 날이 얼마 남지 않은 노인,
오랜 관록이 녹아 있는 노인의 하루는 그 무엇보다 깊이 있습니다.

태어난 지 얼마 되지 않은 아이,
모든 것이 처음인 아이의 하루는 가능성으로 넘쳐 흐릅니다.

---

두 사람 중 누구의 하루에 더 높은 가치를 매길 건가요?
그 이유는 무엇인가요?

여느 날과 다르지 않았어요.
알람 소리에 일어나 씻고 나와, 지하철을 탔죠.
오늘은 화요일이었고, 지겹도록 반복되는 일상에 몸을
막 실은 참이었습니다.
그러다 아무 생각 없이 고개를 돌리는데, 멀리 서 있는
사람과 눈이 마주쳤어요.
뭐, 대수롭지 않은 일이니 무시하고 휴대폰만 보고 갔죠.
그런데 내릴 때가 돼서 고개를 드는데, 그 사람이 옆에
서 있는 거예요.
그러더니 갑자기 귀에 대고 이렇게 말했어요.
"나는 네 미래에서 왔어."
정말 가까이에서 보니 저와 놀랍도록 닮아 있었어요.
내 미래는 이런 모습이었어요. 지금의 나와 크게 다르지 않았죠.

그런데 말을 붙이려니까 눈 깜짝할 새에 사라져 버리는 거예요.
하루 종일 그 사람이 머릿속을 떠나지 않았어요.
그리고 그날 밤, 꿈을 꿨어요.
그 사람은 과거로 돌아온 이유에 대해 말했어요.
"네가 앞으로 살게 될 날들 중 하루를 바꾸러 왔어."
그게 언제인지, 무엇을 바꿔야 하는지는 알려주지 않았어요.
그러다 잠에서 깼고, 그날부터 저는 그 하루를 바꾸기 위해
매일 최선을 다했어요.
그리고 시간이 꽤 흘러, 이제야 깨달았죠.
그 하루를 바꾼 것은 미래의 내가 아닌 현재의 나였다는 걸요.
지금 거울 속에 비친 내 모습은 이전에 봤던 미래의 나와는
달라요.
실제 내 미래는 이런 모습이에요. 내가 바라던 모습이죠.

피터르 브뤼헐, <죽음의 승리 The Triumph of Death>,
1562~1563.

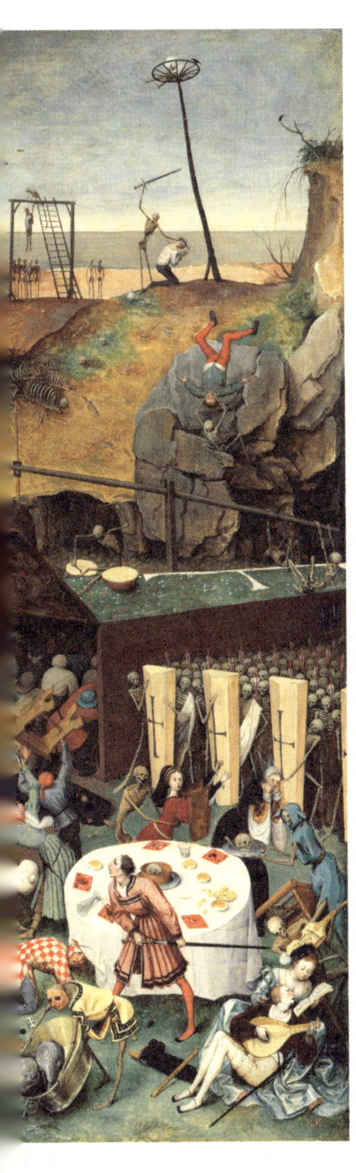

14세기 시작되어 수 세기에 걸쳐 이어진 흑사병으로
사람들은 피할 수 없는 죽음의 현실을 실감합니다.

저 멀리 불에 타는 난파선, 붉은 말 위에서 거대한 낫을
휘두르며 등장한 해골 군단, 관으로 밀려 들어가는
수많은 사람….
유럽 인구의 3분의 1을 앗아간 흑사병으로
사람들은 삶 곳곳에 도사리는 죽음의 그림자를
느낄 수밖에 없었습니다.

그러나 오른쪽 아래를 보세요.
죽음이 곁에 와 있는데도, 류트를 연주하는 연인이
있습니다. 죽음의 운명 앞에서도 삶을 즐기고 있는 모습이
어리석어 보이나요? 아니면 초연해 보이나요?

---

과연 죽음이 등 뒤에 있을 때, 나는 어떤 모습일까요?
무엇을 하다 생을 마감하고 싶나요?

오늘이 내 인생 마지막 날이라면
남겨진 사람들에게 무슨 말을 하고 싶나요?

**성명**                              **주민등록번호**
**주소**
**날짜**        년    월    일              **서명**                (인)

날인까지 마쳐야 비로소 유언은 기본적인 형태를 갖추며,
이후에는 법적 효력이 인정됩니다.

영원히 잊고 싶지 않은 특별한 날이 있나요?
그날, 그곳을 기억할 만한 사진이나 그림, 쪽지 등 무엇이든 이곳에 붙여보세요.

시간이 흘러 더해진 날들에 대한 기억도 이어지는 페이지에 덧붙여 나가면 됩니다.

FROM
MOMENT
TO
MEMENTO

# MEMENTO DIEM

## REMEMBER THE DAY

이 책의 빈 페이지들은
나만의 기억으로 채워질 준비가 되어 있습니다.
붙잡고 싶은 생각, 마음을 흔든 장면,
글로 남기고 싶은 감정, 오래도록 곱씹고 싶은 대화까지.
그 모든 순간은 남겨질 가치가 있습니다.

그 생각을 글로 옮기다 보면,
'글쓰기'야말로 나를 꾸준히 변화시키는
가장 확실한 방법임을 깨닫게 됩니다.
그저 남의 조언을 따르는 것이 아니라
나를 직접 움직이고 변화시키는 힘이
얼마나 강력한지도 자연스럽게 경험하게 될 것입니다.

그리고 이렇게 차곡차곡 쌓여간 기록들은
결국 하나의 문답이 되어
그 어떤 책에서도 찾을 수 없는
오직 나만의 서사, 나만의 '기억'이 됩니다.

# MEMENTO DIEM

JE SUIS MOI-MÊME LA MATIÈRE DE MON LIVRE :

MICHEL EYQUEM DE MONTAIGNE, *LES ESSAIS*, 1580.

이 책의 주제는 바로 나 자신이다.

몽테뉴

# MEMENTO BOOK

메멘토 북

초판 1쇄 인쇄
2025년 11월 24일
초판 1쇄 발행
2026년 1월 2일

지은이
팀 에디테라
펴낸이
최동혁

책임편집
김찬성
디자인
mykc

펴낸곳
임팩터
주소
06168 서울시 강남구 테헤란로
507 WeWork빌딩 8층
이메일
info@impacter.asia
출판등록
2023년 2월 17일
(제2023-000061호)

인쇄
예림
제본
제이엠플러스

책값은 뒤표지에 표시되어 있습니다.
이 책 내용의 전부 또는 일부를
재사용하려면 반드시 저작권자와
출판권자 양측의 서면 동의를 받아야
합니다. 잘못 만들어진 책은
구입하신 곳에서 바꿔드립니다.

ISBN 979-11-989856-5-1 (03190)

**팀 에디테라 Team EdiTera**
우리는 단어 하나, 문장 하나에 깃든 숨은 힘을
믿습니다. 텍스트의 흐름과 의미를 처음부터
다시 살피며, 원작자의 의도를 정확히 이해하고
섬세하게 되살립니다. 그 본질을 현대적 감각으로
새롭게 펼쳐냅니다. Edit(편집), Era(시대)
두 단어의 결합에서 탄생한 이름처럼, 우리는
텍스트를 새롭게 설계해 편집의 새로운 시대,
EditEra를 열어갑니다.